flammekueche et autres tartes ALSACIENNES

Laurence DALON

Dormonval
CH – LUCERNE

préparation très simple
préparation facile
préparation élaborée

peu coûteuse
raisonnable
chère

Photographies : SAEP/Jean-Luc Syren et Valérie WALTER sous la direction artistique de Jean-Luc SYREN.
Plats : SAEP/Jean-François CAMPAGNE.
Coordination : SAEP/Éric ZIPPER.
Composition et photogravure : SAEP/Arts Graphiques.
Impression : Union Européenne.

Conception : SAEP CRÉATION
68040 INGERSHEIM - COLMAR

Odeurs d'oignons, de lardons, de cuisson au feu de bois, onctuosité légèrement acide du fromage blanc, goût de pâte carbonisée par la braise sont des sensations bien connues de tout petit Alsacien. La tarte flambée, plat issu de la campagne alsacienne, a été adoptée avec une telle unanimité qu'elle a su dépasser les frontières de la région.

Autrefois, la tarte flambée était cuite après le pain dans les fours familiaux. Avec la modernisation, c'est le restaurant qui est devenu le lieu privilégié de consommation de cette spécialité. Elle connaît aujourd'hui un nouvel essor avec cette mode grandissante de faire sa tarte flambée chez soi. On peut désormais acheter des fours à tarte flambée et confectionner cette spécialité à la maison. Cette pratique, de retour dans les foyers, permet de recréer une ambiance unique de convivialité et de chaleur.

La cuisine alsacienne est riche de recettes de tartes, tant salées que sucrées. Les tartes aux fruits sont délicieuses. Le flan à base d'œuf, de lait et de crème qui sert de base à leur confection leur apporte un moelleux, une richesse et un goût incomparables.

Je vous livre ici des recettes transmises de mère en fille. Je les ai remaniées, améliorées, adaptées au goût du jour.

RÉUSSISSEZ VOS TARTES

MOULES ET DÉMOULAGE

Il est préférable d'utiliser des moules en métal plutôt qu'en verre ou en faïence. Ces matières conduisent mal la chaleur et la pâte ne devient pas croustillante.

Je conseille vivement d'utiliser du papier de cuisson. Si la pâte est trop friable, on peut l'étaler directement sur le papier de cuisson, ce qui évite de la retourner plusieurs fois et de risquer de la casser. On peut également utiliser des pâtes préétalées. Je conseille dans ce cas d'acheter des produits pur beurre, ce qui confère aux tartes un goût délicieux.

CUISSON

La cuisson doit toujours démarrer à four fort pour que la pâte saisisse et devienne croustillante par la suite. Il faut ensuite réduire la chaleur pour que la garniture cuise. Il est toujours difficile d'indiquer des temps et températures de cuisson car chaque four se comporte différemment. Il faut surtout observer et noter les temps et températures de cuisson propres à son four. Si en milieu de cuisson la pâte est déjà brune, cela signifie que la température de cuisson était trop forte au départ : la pâte sera trop cuite et la garniture ne le sera pas. Si, au contraire, la pâte est encore blanche en milieu de cuisson, la température du four n'était pas assez élevée et la pâte risque d'être pâteuse et immangeable. Il faut donc observer et modifier la température et les temps de cuisson indiqués ci-après.

DÉMOULAGE ET REFROIDISSEMENT

À la sortie du four, la pâte encore chaude est trop friable. Il faut attendre une dizaine de minutes pour démouler la tarte. Il est important d'effectuer cette opération et de laisser refroidir la tarte sur une grille pour conserver le croustillant de la pâte. Si la tarte doit être transportée, il faut la démouler, la laisser refroidir et ensuite la remettre dans le moule pour le voyage. Il ne faut jamais laisser refroidir une tarte dans le moule.

Pâte brisée

250 g de farine / 200 g de beurre à température ambiante / Une pincée de sel.

Prép. : 10 min Pour 500 g

Placer la farine dans un saladier avec le sel. Creuser un puits et y déposer le beurre coupé en gros dés, ainsi que 5 cl d'eau. Travailler pour incorporer les différents éléments. Envelopper dans du papier film et laisser reposer au frais avant utilisation.

Pâte feuilletée

Détrempe : *500 g de farine / Une pincée de sel.*
350 g de beurre à température ambiante.

Prép. : 1 h – Repos : 30 min/tour Pour 1 kg

Préparer une détrempe en mélangeant la farine, 25 cl d'eau et le sel. Laisser reposer 30 minutes. Étaler la pâte sur 2 cm d'épaisseur en formant un carré. Placer le beurre au centre. Il doit avoir la même consistance que la pâte. Replier les quatre coins du carré sur le beurre et bien fermer : on ne doit plus voir le beurre. Étaler délicatement en longueur de façon à obtenir un rectangle trois fois plus long que large. Le beurre ne doit pas s'échapper. Si tel est le cas, on colmate la brèche et on remet l'ensemble au réfrigérateur pendant quelques minutes. Replier le tiers inférieur, puis le tiers supérieur. On obtient à nouveau un carré. On a effectué un tour. Tourner la pâte d'un quart de tour et recommencer l'opération. Laisser reposer la pâte et effectuer encore quatre tours. Laisser reposer la pâte entre les tours. En cas de fuite de beurre, placer le pâton au réfrigérateur. Il faut toujours tourner dans le même sens et marquer le sens dans lequel il faut placer la pâte à la sortie du réfrigérateur.

On peut préparer sa pâte feuilletée à l'avance et la congeler. Pour ceux qui manquent de temps, il existe d'excellentes pâtes feuilletées pur beurre.

Pâte levée

500 g de farine / 1/2 paquet de levure de boulanger ou 1 sachet de levure lyophilisée / 100 g de sucre en poudre / 20 cl de lait / 3 œufs / 250 g de beurre / Une pincée de sel.

Pour 1 kg Prép. : 20 min – Repos : 4 à 6 h

Préparer un levain en mélangeant 100 g de farine, la levure, le sucre et un peu de lait. On doit obtenir une pâte un peu plus épaisse qu'une pâte à crêpes. Laisser fermenter à température ambiante et à couvert pendant 1 à 2 heures.

Mélanger dans un robot le levain, les œufs, le reste de lait et le sel. Battre au moins 15 minutes jusqu'à ce que la pâte se décolle des parois. Incorporer le beurre à température ambiante et battre jusqu'à ce que la pâte se détache à nouveau des parois. Couvrir et laisser reposer pendant 3 à 4 heures.

On peut étaler la pâte et la rouler sur une feuille de papier sulfurisé avant de la congeler.

Pâte sablée

500 g de farine / 250 g de beurre / 2 œufs / 250 g de sucre en poudre / Une pincée de sel.

Pour 1 kg Prép. : 10 min

Placer la farine dans un saladier avec le sel. Ajouter le beurre à température ambiante et coupé en dés. Travailler de façon à obtenir un mélange sableux. Ajouter l'œuf et le sucre. Mélanger jusqu'à obtenir une pâte homogène. Envelopper dans du papier film et laisser reposer au frais.

On peut ajouter à cette pâte un peu de levure chimique, ce qui lui donnera plus de volume après la cuisson.

Tarte à l'oignon

600 g d'oignons / 20 g de beurre / 400 g de pâte feuilletée ou brisée (p. 6) / 1 œuf / 15 cl de crème fraîche épaisse / 100 g de lardons / Sel, poivre.

Prép. : 20 min – Cuiss. : 30 min 6 pers.

Éplucher les oignons et les couper en rondelles. Faire chauffer une sauteuse à feu vif avec le beurre. Ajouter les oignons et bien faire revenir jusqu'à ce qu'ils soient translucides. Laisser tiédir.

Étaler la pâte et foncer un moule de 30 cm de diamètre. Piquer la pâte avec une fourchette.

Ajouter l'œuf et la crème aux oignons. Saler et poivrer. Verser sur la pâte et disposer les lardons. Cuire à 210 °C (th. 7) pendant 10 minutes ou à 180 °C (th. 6) pendant 20 minutes.

On peut également faire cette tarte avec des oignons nouveaux, on utilise la tige verte ainsi que la base.

Quiche au munster

350 g de pâte feuilletée ou brisée (p. 6) / 200 g de munster pas trop affiné / 3 œufs / 20 cl de lait entier / 15 cl de crème fraîche / 100 g de lardons / Sel, poivre.

Prép. : 10 min – Cuiss. : 30 min 6 pers.

Étaler la pâte et foncer un moule de 26 cm de diamètre. Piquer le fond avec une fourchette.

Couper le munster en quartiers et disposer sur le fond de tarte. Battre les œufs, le lait et la crème. Saler et poivrer. Verser sur le munster. Disposer les lardons et enfourner à 210 °C (th. 7) pendant 10 minutes puis à 150 °C (th. 5) pendant 20 minutes.

Tarte à la choucroute

350 g de pâte feuilletée ou brisée (p. 6) / 450 g de choucroute cuite / 100 g de lardons fumés / 2 œufs / 5 cl de crème fraîche épaisse / 150 g de fromage blanc / 10 cl de vin blanc / Sel, poivre.

6 pers. Prép. : 10 min – Cuiss. : 40 min

Étaler la pâte et foncer un moule de 26 cm de diamètre. Piquer le fond avec une fourchette.

Disposer la choucroute sur la pâte. Parsemer de lardons. Battre les œufs, la crème, le fromage blanc et le vin blanc. Saler et poivrer. Verser dans le moule.

Enfourner à 210 °C (th. 7) pendant 10 minutes puis baisser à 180 °C (th. 6) pendant 30 minutes.

TARTES FLAMBÉES

La tarte flambée est un plat paysan composé d'éléments provenant de la ferme : la pâte à pain, le fromage blanc et la crème provenant de l'élevage, le lard salé et fumé provenant du cochon, les oignons issus des jardins.

CONSEILS

La tarte flambée doit cuire à four très chaud et très rapidement. De ce fait, les éléments la composant doivent être très finement émincés. De même, il ne faut pas étaler une couche trop épaisse de mélange fromage blanc-crème. On risquerait d'obtenir une tarte mal cuite.

Tarte flambée

700 g de fromage blanc à 40 % de M.G. / 200 g de crème fraîche épaisse / 200 g d'oignons / 400 g de lard fumé / 1,200 kg de pâte à pain / Sel, poivre, muscade (facultatif).

Prép. : 20 min – Cuiss. : 5 à 10 min — 10 tartes

Mélanger le fromage blanc et la crème. Saler, poivrer, ajouter la noix de muscade.

Éplucher les oignons et les ciseler en fines rondelles. Couper le lard finement.

Séparer la pâte à pain en 10 parts. Étaler la pâte à pain très finement. Répartir le mélange au fromage et à la crème. Parsemer de lardons et d'oignons. Cuire à four très chaud, à 300 °C (th. 10).

On peut acheter dans certains commerces des pâtes à tarte flambée très finement étalées qui permettent d'économiser du temps.

Tarte flambée gratinée

700 g de fromage blanc à 40 % de M.G. / 200 g de crème fraîche épaisse / 200 g d'oignons / 400 g de lard fumé / 1,200 kg de pâte à pain / 300 g d'emmental râpé / Sel, poivre, muscade (facultatif).

Prép. : 20 min – Cuiss. : 5 à 10 min — 10 tartes

Mélanger le fromage blanc et la crème. Saler, poivrer, ajouter la noix de muscade.

Éplucher les oignons et les ciseler en fines rondelles. Couper le lard finement.

Séparer la pâte à pain en 10 parts. Étaler chaque part très finement. Répartir le mélange au fromage et à la crème. Parsemer de lardons et d'oignons. Parsemer la tarte flambée de fromage râpé. Cuire à four très chaud, à 300 °C (th. 10).

Tarte flambée forestière

700 g de fromage blanc à 40 % de M.G. / 200 g de crème fraîche épaisse / 200 g d'oignons / 400 g de lard fumé / 400 g de champignons frais / 1,200 kg de pâte à pain / Sel, poivre, muscade (facultatif).

Prép. : 20 min – Cuiss. : 5 à 10 min 10 tartes

Mélanger le fromage blanc et la crème. Saler, poivrer, ajouter la noix de muscade.

Éplucher les oignons et les ciseler en fines rondelles. Couper le lard finement. Nettoyer les champignons et les émincer très finement.

Séparer la pâte à pain en 10 parts. Étaler chaque part très finement. Répartir le mélange au fromage et à la crème. Parsemer de lardons et d'oignons. Parsemer la tarte flambée de champignons. Cuire à four très chaud, à 300 °C (th. 10).

Tarte flambée aux trois fromages

700 g de fromage blanc à 40 % de M.G. / 200 g de crème fraîche épaisse / Muscade (facultatif) / 200 g d'oignons / 1,200 kg de pâte à pain / 150 g d'emmental râpé / 150 g de bleu / 150 g de chèvre sec type crottin de Chavignol / Sel, poivre.

Prép. : 20 min – Cuiss. : 5 à 10 min 10 tartes

Mélanger le fromage blanc et la crème. Saler, poivrer, ajouter la noix de muscade.

Éplucher les oignons et les ciseler en fines rondelles.

Séparer la pâte à pain en 10 parts égales. Étaler chaque part très finement. Répartir le mélange au fromage et à la crème. Parsemer d'oignons. Parsemer la tarte flambée des 3 fromages finement râpés. Cuire à four très chaud, à 300 °C (th. 10).

Tarte flambée à la choucroute

700 g de fromage blanc à 40 % de M.G. / 200 g de crème fraîche épaisse / 200 g d'oignons / 400 g de lard fumé / 1,200 kg de pâte à pain / 400 g de choucroute cuite / Sel, poivre, muscade (facultatif).

Prép. : 20 min – Cuiss. : 5 à 10 min 10 tartes

Mélanger le fromage blanc et la crème. Saler, poivrer, ajouter la noix de muscade.

Éplucher les oignons et les ciseler en fines rondelles. Couper le lard finement.

Séparer la pâte à pain en 10 parts égales. Étaler chaque part très finement. Répartir le mélange au fromage et à la crème. Parsemer de lardons et d'oignons. Disposer une fine couche de choucroute cuite. Cuire à four très chaud, à 300 °C (th. 10).

Tarte flambée aux pommes

1 kg de crème fraîche épaisse / 150 g de sucre en poudre / 1 œuf / 1,200 kg de pâte à pain / 10 pommes / 1 cuil. à café de cannelle en poudre.

10 tartes. Prép. : 20 min – Cuiss. : 5 à 10 min

Mélanger la crème, le sucre, la cannelle et l'œuf.

Séparer la pâte à pain en 10 parts. Étaler finement chaque part. Étaler le mélange sur la pâte. Couper les pommes en quatre, enlever le cœur et les éplucher. Émincer des tranches très fines que l'on dispose sur la pâte. Parsemer de cannelle. Cuire à four très chaud, à 300 °C (th. 10).

On peut faire flamber la tarte avec un alcool : calvados ou rhum.

TYPICITÉ DES TARTES ALSACIENNES

La présence du flan à base d'œuf, de sucre, de lait sur les fruits fait la spécificité des tartes alsaciennes. Cette pratique est relativement récente. J'ai retrouvé dans un livre de cuisine datant de 1811 deux recettes de tartes (aussi appelée « Wähe ») aux pommes que l'on faisait soit dans des poêles sur le feu soit dans un moule au four (tous les foyers ne disposaient pas d'un four). La première tarte est composée d'une pâte feuilletée sur laquelle on dispose des tranches de pomme et du sucre. On fait cuire à feu très doux et l'on dispose un couvercle sur lequel on dépose des braises chaudes pour cuire le dessus de la tarte. Pour la deuxième recette, il faut faire cuire les pommes dans le moule avec du sucre et, à mi-cuisson, on ajoute un mélange composé de 1 cuillerée de farine mélangée à 3 œufs, du lait, de la crème et du sucre. Les autres tartes aux fruits (mirabelles, myrtilles, framboises, abricots, quetsches) figurant dans ce livre ne contiennent pas de flan. Il est probable qu'à l'origine le flan ait été une espèce de pâte à crêpes qui servait de fond de tarte. Avec le temps, on a abouti à la trilogie pâte + fruits + flan.

FLAN

Le secret de maman pour ses tartes aux fruits est de remplacer la farine ou la fécule des flans par une poudre à pudding à base de fécule, qui parfume agréablement le dessert. Il s'agit de poudre à pudding parfum chantilly ou vanille que l'on trouve dans le commerce. On peut aisément remplacer cette poudre par de la fécule et parfumer le flan avec de l'essence de vanille. Lorsque les fruits sont trop juteux, ce flan à base de fécule absorbe le jus et donne une consistance à la tarte.

TARTES AUX FRUITS TROP JUTEUX

Lorsque l'on utilise des fruits gorgés d'eau pour certaines tartes (mirabelles, quetsches, myrtilles), on obtient une pâte imbibée de jus des fruits. Il est alors impossible de démouler la tarte et, lorsqu'on la tranche, le jus inonde le plat. Pour éviter cet inconvénient, on peut disposer sur la pâte des biscuits broyés mélangés à de la poudre de pudding. Cette couche absorbera le jus excédentaire et la tarte aura un aspect plus appétissant.

SERVICE

Certaines tartes sont délicieuses tièdes. Elles sont toujours meilleures quand elles sont faites au dernier moment. Pour ce faire, on peut étaler la pâte à l'avance et préparer la garniture sans la verser sur le fond de tarte. On assemblera les différents éléments de la tarte pour la cuire au dernier moment.

Tarte aux amandes et aux oranges confites

350 g de pâte sablée (p. 7) / 150 g de sucre en poudre / 10 cl de crème fraîche liquide / 200 g d'amandes effilées / 50 g de noisettes grossièrement hachées / 50 g d'orange confite coupée en petits dés.

Prép. : 20 min – Cuiss. : 30 min 6 pers.

Étaler la pâte et foncer un moule de 26 cm de diamètre. Piquer le fond avec une fourchette. Déposer une feuille de papier d'aluminium sur la pâte et disposer un moule à tarte de taille légèrement plus petite (ou des haricots secs). Cuire pendant 15 minutes à 210 °C (th. 7).

Pendant ce temps, préparer un caramel en versant le sucre dans une casserole sur feu doux. Lorsque le caramel a une belle couleur ambrée, ajouter progressivement la crème bouillante tout en remuant (attention aux projections). Bien remuer, il ne doit pas rester de grumeaux. Si tel est le cas, reporter quelques minutes sur le feu tout en remuant.

Ajouter les amandes, les noisettes et l'orange confite.

Verser sur le fond de tarte débarrassé de son papier d'aluminium. Cuire encore 15 minutes à 180 °C (th. 6).

Tarte aux amandes à la cannelle

350 g de pâte sablée (p. 7) / 4 œufs / 150 g de sucre en poudre / 1 cuil. à café de cannelle moulue / 150 g d'amandes moulues / Une pincée de sel.

Prép. : 15 min – Cuiss. : 35 min 6 pers.

Étaler la pâte et foncer un moule de 26 cm de diamètre à bords hauts. Piquer le fond avec une fourchette.

Battre les jaunes d'œufs avec la moitié du sucre. Ajouter la cannelle et les amandes.

Battre les blancs en neige avec une pincée de sel. Ajouter en trois fois le reste de sucre en veillant à ce qu'il soit bien incorporé avant de verser le tiers suivant.

Mélanger délicatement les deux mélanges en soulevant la préparation.

Verser dans le moule. Cuire à 210 °C (th. 7) pendant 10 minutes, puis à 180 °C (th. 6) pendant 25 minutes.

Tarte à la cannelle

500 g de pâte levée (p. 7) / 100 g de sucre en poudre / 2 cuil. à soupe de cannelle en poudre / 75 g de beurre.

Prép. : 5 min – Cuiss. : 25 min 4 à 6 pers.

Étaler la pâte levée et foncer un moule de 26 cm de diamètre. Laisser lever dans un endroit tiède jusqu'à ce que la pâte double de volume.

Mélanger le sucre et la cannelle et parsemer la tarte de cette préparation. Répartir des dés de beurre sur la tarte. Cuire pendant 25 minutes à 180 °C (th. 6).

Tarte aux coings, vin et épices

6 coings / 40 cl de vin rouge / 100 g de sucre en poudre / 1/2 bâton de cannelle / 2 gousses de cardamome / 2 clous de girofle / Une pointe de muscade / 1/2 zeste d'orange / 300 g de pâte sablée (p. 7).

Prép. : 20 min – Cuiss. : 25 min 4 à 6 pers.

Laver les coings et les couper en quatre. Enlever le cœur et les placer dans une casserole. Recouvrir avec le vin rouge, le sucre, les épices et le zeste d'orange. Laisser cuire jusqu'à ce que les coings soient tendres.

Étaler la pâte, foncer un moule de 22 cm de diamètre et piquer le fond avec une fourchette.

Déposer les coings émincés en fines tranches. Placer au four à 180 °C (th. 6) pendant 25 minutes.

Pendant ce temps, laisser réduire le vin aux épices jusqu'à aspect sirupeux. Après refroidissement de la tarte, on nappera cette dernière avec la réduction.

Tarte à la confiture de quetsches

400 g de pâte sablée (p. 7) ou brisée (p. 6) / 350 g de confiture de quetsches à la cannelle / 1 œuf / 1 cuil. à soupe de lait.

Prép. : 5 min – Cuiss. : 25 min 4 à 6 pers.

Étaler les deux tiers de la pâte et foncer un moule de 22 cm de diamètre. Piquer le fond avec une fourchette. Ajouter la confiture de quetsches.

Étaler la pâte restante et détailler à la roulette des bandes de 1,5 cm de large mais de longueur différente de façon à former des croisillons sur la confiture. (On peut également façonner des boudins de 1/2 cm de diamètre.)

Battre l'œuf et le lait et badigeonner les croisillons avec ce mélange. Enfourner à 180 °C (th. 6) pendant 25 minutes.

Tarte au fromage blanc

400 g de pâte sablée (p. 7) ou de pâte brisée (p. 6) / 3 cuil. à soupe de poudre à pudding parfum chantilly ou vanille / 2 cuil. à soupe de lait / 3 œufs / 200 g de sucre en poudre / 400 g de fromage blanc à 40 % de M.G. / 3 cuil. à soupe de crème fraîche épaisse / 50 g de raisins de Corinthe.

Prép. : 10 min – Cuiss. : 30 min 8 pers.

Étaler la pâte et foncer un moule de 30 cm de diamètre. Piquer le fond avec une fourchette.

Diluer la poudre à pudding avec le lait. Ajouter les œufs, le sucre, le fromage blanc et la crème fraîche. Bien mélanger et verser dans le moule.

Parsemer de raisins de Corinthe. Cuire à 210 °C (th. 7) pendant 10 minutes, puis 20 minutes à 170 °C (th. 5-6).

Tarte au fromage blanc (2e version)

350 g de pâte brisée (p. 6) ou sablée (p. 7) / 3 cuil. à soupe de poudre à pudding parfum chantilly ou vanille / 3 cuil. à soupe de lait / 4 œufs / 400 g de fromage blanc à 40 % de M.G. / 3 cuil. à soupe de crème fraîche épaisse / 200 g de sucre en poudre / Sucre glace.

6 pers. Prép. : 15 min – Cuiss. : 35 min

Étaler la pâte et foncer un moule de 26 cm de diamètre à bords hauts. Piquer le fond avec une fourchette.

Diluer la poudre à pudding avec le lait. Ajouter les jaunes d'œufs, le fromage blanc, la crème fraîche et la moitié du sucre. Bien mélanger.

Battre les blancs en neige ferme puis ajouter progressivement le restant de sucre en trois fois. Incorporer 1/5 des blancs au mélange au fromage blanc, puis ajouter le reste des blancs et mélanger délicatement en soulevant la préparation.

Verser dans le moule et cuire à 210 °C (th. 7) pendant 10 minutes, puis à 180 °C (th. 6) pendant 25 minutes. Lorsque la tarte est cuite, la retourner sur une grille et laisser refroidir la tarte ainsi. Avant de servir, retourner la tarte et la saupoudrer de sucre glace.

On peut parfumer la tarte avec du zeste de citron.

Tarte de Linz

100 g de sucre en poudre / 60 g d'amandes en poudre / 1 cuil. à café de zestes de citron et d'orange râpés / Une pincée de bicarbonate de soude / 1 cuil. à café de cannelle / 1 pointe de gingembre en poudre / 3 œufs / 75 g de beurre / 200 g de farine / 450 g de confiture de framboises / Une pincée de sel.

Prép. : 20 min – Cuiss. : 30 min 6 pers.
Repos : 1 h

Travailler rapidement le sucre, les amandes en poudre, les zestes, le bicarbonate, le sel, la cannelle, le gingembre, 1 œuf entier et 1 jaune, puis le beurre à température et la farine. Dès que le mélange est homogène, le rassembler en boule. L'envelopper dans du film plastique et le réserver au frais pendant 3 heures.

Étaler les deux tiers de la pâte au rouleau sur le plan de travail fariné. Foncer un moule de 26 cm de diamètre. Piquer avec une fourchette. Étaler la confiture de framboises. Replier les bords juste au-dessus de la confiture et appuyer avec une fourchette.

Étaler la pâte restante et détailler à la roulette des bandes de 1,5 cm de large mais de longueur différente de façon à former des croisillons sur la confiture. (On peut également façonner des boudins de 1/2 cm de diamètre.) Enfourner à 180 °C (th. 6) pendant 30 minutes.

On peut remplacer la confiture de framboises par toute autre confiture. Éviter cependant les confitures épicées puisque la pâte l'est déjà.

Tarte aux noix et au caramel

350 g de pâte sablée (p. 7) / 150 g de sucre en poudre / 10 cl de crème fraîche liquide / 250 g de noix décortiquées.

Prép. : 15 min – Cuiss. : 25 min 6 pers.

Étaler la pâte et foncer un moule de 26 cm de diamètre. Piquer le fond avec une fourchette. Déposer une feuille de papier d'aluminium sur la pâte et disposer un moule à tarte de taille légèrement plus petite (ou des haricots secs). Cuire pendant 20 minutes à 210 °C (th. 7).

Pendant ce temps, préparer un caramel en versant le sucre dans une casserole sur feu doux. Lorsque le caramel a une belle couleur ambrée, ajouter progressivement la crème bouillante tout en remuant (attention aux projections). Bien remuer, il ne doit pas rester de grumeaux. Si tel est le cas, reporter quelques minutes sur le feu tout en remuant. Ajouter les noix et verser sur le fond de tarte débarrassé de son papier d'aluminium. Cuire encore 5 minutes à 180 °C (th. 6).

Tarte au sucre et à la crème

500 g de pâte levée (p. 7) / 20 cl de crème fraîche épaisse / 50 g de sucre en poudre.

Prép. : 5 min – Cuiss. : 25 min 4 à 6 pers.

Étaler la pâte levée dans un moule à tarte de 26 cm de diamètre. Laisser lever dans un endroit tiède jusqu'à ce que la pâte double de volume. Mélanger la crème et le sucre et répartir sur la pâte. Cuire 25 minutes à 180 °C (th. 6).

Tarte à la semoule ou Osterfladen

50 g de raisins de Corinthe / 300 g de pâte sablée (p. 7) / 40 cl de lait / 5 cl de crème fraîche liquide / 150 g de sucre en poudre / 75 g de semoule / Une pincée de cannelle / 2 œufs.

Prép. : 20 min – Cuiss. : 30 min 4 à 6 pers.

Faire gonfler les raisins de Corinthe dans une tasse d'eau chaude.

Étaler la pâte dans un moule de 22 cm de diamètre. Piquer le fond avec une fourchette. Déposer une feuille de papier d'aluminium sur la pâte et disposer un moule à tarte de taille légèrement plus petite (ou des haricots secs). Cuire pendant 15 minutes à 210 °C (th. 7).

Pendant ce temps, faire bouillir le lait, la crème et le sucre. Jeter en pluie la semoule et faire cuire à feu doux tout en remuant pendant 5 minutes. Égoutter les raisins et les ajouter à la préparation, parsemer de cannelle. Quand la pâte est cuite, retirer l'aluminium, ajouter les œufs à la semoule et verser dans le moule. Cuire encore 10 minutes à 210 °C (th. 7).

On peut parfumer en faisant infuser des filaments de safran dans le mélange lait-crème. Dans ce cas, ne pas ajouter de cannelle. Cette tarte était servie dans les campagnes alsaciennes à la fin de l'hiver lorsqu'il n'y avait plus de fruits (pommes, fruits séchés...).

Tarte aux abricots

350 g de pâte sablée (p. 7) / 550 g d'abricots dénoyautés / 2 cuil. à soupe de poudre à flan parfum chantilly ou vanille / 15 cl de lait entier / 2 œufs / 10 cl de crème fraîche épaisse / 75 g de sucre en poudre / 1 cuil. à soupe d'amandes effilées.

Prép. : 15 min – Cuiss. : 35 min — 6 pers.

Étaler la pâte et foncer un moule de 26 cm de diamètre. Piquer la pâte à l'aide d'une fourchette.

Disposer les abricots coupés en deux sur le fond de tarte.

Préparer le flan en délayant la poudre dans un peu de lait. Ajouter les œufs, le reste de lait, la crème, le sucre et verser sur les abricots. Parsemer d'amandes effilées et enfourner à 210 °C (th. 7) pendant 10 minutes, baisser le four à 180 °C (th. 6) et laisser cuire pendant 25 minutes.

Tarte aux cerises

350 g de pâte sablée (p. 7) ou brisée (p. 6) / 600 g de cerises noires ou de griottes / 2 cuil. à soupe de poudre à pudding parfum chantilly ou vanille / 15 cl de lait / 2 œufs / 75 g de sucre en poudre / 10 cl de crème fraîche épaisse.

6 pers. Prép. : 15 min – Cuiss. : 35 min

Étaler la pâte et foncer un moule de 26 cm de diamètre. Piquer le fond avec une fourchette.

Dénoyauter les cerises et les disposer sur la pâte.

Préparer le flan en délayant la poudre à pudding dans le lait, ajouter les œufs, le sucre et la crème. Verser sur les fruits. Cuire à 210 °C (th. 7) pendant 10 minutes, puis à 180 °C (th. 6) pendant 25 minutes.

Tarte aux fraises

350 g de pâte sablée (p. 7) / 25 g de poudre à pudding parfum chantilly ou vanille / 50 g de sucre en poudre / 25 cl de lait entier / 15 cl de crème fraîche liquide / 400 g de fraises / 150 g de confiture de fraises sans morceaux.

Prép. : 25 min – Cuiss. : 25 min — 6 pers.

Étaler la pâte et foncer le moule de 26 cm de diamètre. Piquer le fond avec une fourchette.

Déposer une feuille de papier d'aluminium sur la pâte et disposer un moule à tarte de taille légèrement plus petite (ou des haricots secs). Cuire pendant 20 minutes à 180 °C (th. 6).

Pendant ce temps, préparer la crème pâtissière en mélangeant la poudre à pudding avec 2 cuillerées à soupe de lait. Faire bouillir le reste de lait et ajouter la poudre délayée tout en remuant. Cuire pendant 2 minutes.

Fouetter la crème en chantilly. Dès que la crème pâtissière est froide, y incorporer la chantilly. Verser sur le fond de tarte refroidi. Disposer les fraises lavées et équeutées. Faire tiédir la confiture de fraises et napper la tarte. Servir froid.

Tarte aux groseilles meringuée

450 g de groseilles / 225 g de sucre en poudre / 350 g de pâte sablée (p. 7) / 4 blancs d'œufs / 100 g d'amandes moulues.

Prép. : 25 min – Cuiss. : 40 min
Macération : 2 h
6 pers.

Faire macérer les groseilles avec 75 g de sucre pendant 2 heures.

Étaler la pâte et foncer un moule à tarte de 26 cm de diamètre. Piquer le fond avec une fourchette.

Battre les blancs en neige et ajouter le reste de sucre en trois fois en veillant à ce qu'il soit bien incorporé avant d'ajouter le tiers suivant. Ajouter les amandes en soulevant la préparation. Verser la moitié de cette préparation dans le fond de tarte. Répartir les groseilles égouttées.

Placer au four à 210 °C (th. 7) pendant 20 minutes en baissant à 180 °C (th. 6) après 10 minutes. Verser le restant de meringue et passer au four pour 20 minutes encore.

Cette tarte peut également se faire avec des groseilles à maquereaux.

Tarte aux framboises

300 g de pâte sablée (p. 7) / 50 g de miettes de biscuit type petit-beurre / 1 cuil. à soupe de poudre à pudding parfum chantillly ou vanille / 400 g de framboises / 50 g de sucre en poudre / 150 g de gelée de framboise.

Prép. : 10 min – Cuiss. : 35 min
4 à 6 pers.

Étaler la pâte, foncer le moule de 22 cm de diamètre et piquer le fond avec une fourchette.

Émietter les biscuits et les mélanger à la poudre à pudding. Répartir uniformément le mélange dans le fond du moule. Disposer les framboises par-dessus. Parsemer de sucre et placer au four à 210 °C (th. 7) pendant 10 minutes puis à 180 °C (th. 6) pendant 25 minutes.

Lorsque la tarte est refroidie, arroser de gelée de framboise tiédie et laisser refroidir.

Tarte aux mûres

350 g de pâte sablée (p. 7) ou brisée (p. 6) / 450 g de mûres / 2 cuil. à soupe de poudre à pudding parfum chantilly ou vanille / 15 cl de lait / 2 œufs / 75 g de sucre en poudre / 10 cl de crème fraîche épaisse.

Prép. : 15 min – Cuiss. : 35 min 6 pers.

Étaler la pâte, foncer un moule de 26 cm de diamètre et piquer le fond avec une fourchette.

Disposer les mûres sur la pâte.

Préparer le flan en délayant la poudre à pudding dans le lait, ajouter les œufs, le sucre et la crème. Verser sur les fruits.

Cuire à 210 °C (th. 7) pendant 10 minutes, puis à 180 °C (th. 6) pendant 25 minutes.

Tarte aux mûres (2e version)

350 g de pâte sablée (p. 7) / 50 g de miettes de biscuits type petit-beurre / 1 cuil. à soupe de poudre à pudding parfum chantilly ou vanille / 500 g de mûres / 50 g de sucre en poudre.

Prép. : 10 min – Cuiss. : 30 min 6 pers.

Étaler la pâte et foncer un moule de 26 cm de diamètre. Piquer le fond avec une fourchette.

Mélanger les miettes de biscuit et la poudre à pudding. Répartir sur la pâte. Disposer les mûres par-dessus.

Cuire à 210 °C (th. 7) pendant 10 minutes puis à 180 °C (th. 6) pendant 20 minutes.

Tarte aux mirabelles

350 g de pâte sablée (p. 7) ou brisée (p. 6) / 600 g de mirabelles / 2 cuil. à soupe de poudre à pudding parfum chantilly ou vanille / 15 cl de lait / 2 œufs / 75 g de sucre en poudre / 10 cl de crème fraîche épaisse / Une pincée de cannelle (facultatif).

Prép. : 15 min – Cuiss. : 35 min 6 pers.

Étaler la pâte et foncer un moule de 26 cm de diamètre. Piquer le fond avec une fourchette.

Dénoyauter les mirabelles et les disposer sur la pâte. Préparer le flan en délayant la poudre à pudding dans le lait, ajouter les œufs, le sucre, la crème. Verser sur les fruits. Parsemer de cannelle.

Cuire à 210 °C (th. 7) pendant 10 minutes, puis à 180 °C (th. 6) pendant 25 minutes.

Tarte aux myrtilles

300 g de pâte sablée (p. 7) / 100 g de miettes de biscuits type petit-beurre / 1 cuil. à soupe de poudre à pudding parfum chantilly ou vanille / 75 g de sucre en poudre / 450 g de myrtilles.

Prép. : 10 min – Cuiss. : 30 min 4 pers.

Étaler la pâte et foncer un moule de 22 cm de diamètre. Piquer le fond avec une fourchette.

Mélanger les miettes de biscuit et la poudre à pudding. Disposer sur la pâte. Sucrer les myrtilles et les ajouter. Cuire à 210 °C (th. 7) pendant 10 minutes puis à 180 °C (th. 6) pendant 20 minutes.

Tarte aux pommes

400 g de pâte sablée (p. 7) / 750 g de pommes boskoop ou reinette / 2 cuil. à soupe de poudre à flan parfum chantilly ou vanille / 15 cl de lait entier / 2 œufs / 10 cl de crème fraîche épaisse / 100 g de sucre en poudre / 15 amandes entières.

Prép. : 20 min – Cuiss. : 40 min — 8 pers.

Étaler la pâte et foncer un moule de 30 cm de diamètre. Piquer la pâte à l'aide d'une fourchette.

Couper les pommes en quatre, enlever le cœur et les éplucher. Si les pommes sont grosses, recouper chaque quartier en deux. Faire trois incisions sur le dos du quartier et disposer sur le fond de tarte.

Préparer le flan en délayant la poudre dans le lait. Ajouter les œufs, la crème, le sucre et verser sur les pommes. Parsemer d'amandes grossièrement coupées et enfourner à 210 °C (th. 7) pendant 10 minutes. Puis baisser le four à 180 °C (th. 6) et laisser cuire pendant 30 minutes.

Tarte à la compote de pommes

750 g de pommes / 1/2 bâton de cannelle / 4 cuil. à soupe de sucre en poudre / 450 g de pâte brisée (p. 6) ou sablée (p. 7) / 1 œuf / 1 cuil. à soupe de lait.

Prép. : 20 min – Cuiss. : 25 min 6 pers.

Éplucher les pommes et les couper en quatre. Enlever le cœur et placer les quartiers dans une casserole. Ajouter le bâton de cannelle et le sucre puis mouiller avec 2 cuillerées à soupe d'eau. Laisser cuire à couvert jusqu'à ce que les pommes forment une épaisse compote. Écraser grossièrement avec une cuillère ou passer au moulin à légumes si on préfère une texture plus fine.

Étaler les deux tiers de la pâte dans un moule de 26 cm de diamètre. Piquer le fond avec une fourchette.

Verser la compote de pommes. Étaler le restant de pâte et détailler à l'aide d'une roulette des bandes de 1,5 cm de large que l'on dispose en croisillon sur la pâte. Battre l'œuf et le lait et badigeonner la pâte de ce mélange. Cuire à 210 °C (th. 7) pendant 10 minutes, puis à 180 °C (th. 6) pendant 15 minutes.

Tarte aux poires et aux amandes

350 g de pâte sablée (p. 7) / 650 g de poires / 2 cuil. à soupe de poudre à flan parfum chantilly ou vanille / 15 cl de lait entier / 2 œufs / 10 cl de crème fraîche épaisse / 75 g de sucre en poudre / 75 g d'amandes effilées.

Prép. : 20 min – Cuiss. : 40 min 6 pers.

Étaler la pâte et foncer un moule de 26 cm de diamètre. Piquer la pâte à l'aide d'une fourchette.

Couper les poires en quatre, enlever le cœur et les éplucher. Recouper chaque partie en quatre et disposer sur la pâte.

Préparer le flan en délayant la poudre dans le lait. Ajouter les œufs, la crème, le sucre et verser sur les poires. Parsemer d'amandes effilées et enfourner à 210 °C (th. 7) pendant 10 minutes, baisser le thermostat à 180 °C (th. 6) et laisser cuire pendant 30 minutes.

Tarte aux pommes au streusel

350 g de pâte sablée (p. 7) / 750 g de pommes boskoop ou reinettes / 150 g + 4 cuil. à soupe de sucre en poudre / 1/2 cuil. à café de cannelle en poudre / 100 g de beurre / 100 g de farine / 100 g de noisettes hachées.

Prép. : 20 min – Cuiss. : 45 min 6 pers.

Étaler la pâte dans un moule de 26 cm de diamètre. Piquer le fond avec une fourchette.

Couper les pommes en quartiers, enlever le cœur, les éplucher et les couper en fines lamelles. Mélanger 4 cuillerées à soupe de sucre et la cannelle. Étaler les pommes sur la pâte et parsemer de sucre et de cannelle.

Préparer le streusel en mélangeant le reste de sucre, le beurre, la farine, les noisettes. Recouvrir les pommes de streusel. Cuire à 210 °C (th. 7) pendant 10 minutes, puis à 180 °C (th. 6) pendant 35 minutes.

Tarte aux quetsches à l'ancienne

300 g de pâte sablée (p. 7) / 500 g de pruneaux dénoyautés / 50 cl de vin rouge / 50 g + 1 cuil. à soupe de sucre en poudre / 80 g environ d'amandes entières émondées (il faut autant d'amandes que de pruneaux) / 1/2 cuil. à café d'épices à pain d'épice.

Prép. : 20 min – Cuiss. : 20 min   4 à 6 pers.

Étaler la pâte et foncer un moule de 22 cm de diamètre. Piquer la pâte à l'aide d'une fourchette.

Placer les pruneaux, le vin, 50 g de sucre dans une casserole et porter à ébullition. Laisser cuire 10 minutes à couvert.

Égoutter. Insérer dans chaque pruneau une amande. Disposer sur le fond de tarte. Mélanger les épices à pain d'épice avec le reste de sucre et parsemer la tarte de ce mélange.

Enfourner à 210 °C (th. 7) pendant 10 minutes puis baisser à 180 °C (th. 6) pendant 10 minutes.

Tarte aux quetsches à la cannelle

350 g de pâte levée (p. 7) / 450 g de quetsches / 100 g de miettes de pain d'épice ou de spéculoos / 1 cuil. à soupe de poudre à pudding parfum chantilly ou vanille / 75 g de sucre en poudre / 1/2 cuil. à café de cannelle en poudre.

Prép. : 20 min – Cuiss. : 35 min — 6 pers.
Repos : 30 min

Étaler la pâte et foncer un moule de 26 cm de diamètre. Laisser lever 30 minutes de façon que la pâte double de volume.

Pendant ce temps, laver et dénoyauter les quetsches. Mélanger les miettes de pain d'épice et la poudre à pudding. Disposer sur la pâte. Placer les quetsches. Saupoudrer du sucre et de la cannelle.

Cuire à 210 °C (th. 7) pendant 10 minutes puis à 180 °C (th. 6) pendant 25 minutes.

Tarte à la rhubarbe

750 g de rhubarbe / 175 g de sucre en poudre / 350 g de pâte sablée (p. 7) / 2 cuil. à soupe de poudre à pudding / 15 cl de lait / 2 œufs / 10 cl de crème fraîche épaisse.

Prép. : 15 min – Cuiss. : 40 min — 6 pers.
Repos : 2 h

Éplucher la rhubarbe et la couper en tronçons de 2 cm de long.

Faire dégorger la rhubarbe dans 50 g de sucre pendant 2 heures.

Étaler la pâte, foncer un moule de 26 cm de diamètre. Piquer le fond avec une fourchette.

Égoutter la rhubarbe et la verser dans le moule. Ajouter le flan préparé en mélangeant les ingrédients restants. Cuire à 210 °C (th. 7) pendant 10 minutes, puis à 180 °C (th. 6) pendant 30 minutes.

Tarte à la rhubarbe meringuée

Garniture : *750 g de rhubarbe / 175 g de sucre en poudre / 1 cuil. à soupe de poudre à pudding / 20 cl de lait / 3 jaunes d'œufs / 15 cl de crème fraîche épaisse.*
350 g de pâte sablée (p. 7).
Meringue : *3 blancs d'œufs / 50 g de sucre en poudre / Une pincée de sel.*

Prép. : 20 min – Cuiss. : 35 min 6 pers.
Repos : 2 h

Éplucher la rhubarbe et la couper en tronçons de 2 cm de long.

Faire dégorger la rhubarbe dans 50 g sucre pendant 2 heures.

Étaler la pâte sablée, foncer un moule de 26 cm de diamètre et piquer le fond avec une fourchette.

Égoutter la rhubarbe et la verser dans le moule. Délayer la poudre à pudding dans le lait, ajouter les jaunes d'œufs, le reste de sucre et la crème. Verser le flan sur la rhubarbe.

Cuire à 210 °C (th. 7) pendant 20 minutes.

Pendant ce temps, battre les blancs d'œufs en neige avec une pincée de sel. Ajouter le sucre en trois fois en veillant à ce qu'il soit bien incorporé avant d'ajouter le tiers suivant. Verser sur la tarte et cuire encore 15 minutes à 180 °C (th. 6).

TABLE DES MATIÈRES

Dépôt légal 2e trim. 2006 n° 3 155
Imprimé en U.E.